30일간 하루 10분 중국어 필사

"중국어 필사로 성공적인 자기계발 여정을 시작하세요"

30일간

하루 Day 10분

중국어 필사

Mædəlin Buk

"동기부여와 함께하는 인생의 가치 탐색"

《30일간 하루 10분 중국어 필사》는 중국어 학습자들에게 중국어 실력 향상과 함께 인생의 필수 항목을 탐구하는 독특한 자료입니다. 이 책은 총 10개의 다양한 주제로 구성되어 있으며, 각 주제는 인생에서 필요한 항목들을 다루고 있습니다. 각 주제는 다시 3개의 작은 주제로 나누어, 총 30개의 주제를 한 달 동안 필사할 수 있습니다.

중국어 필사만으로 중국어 실력을 향상시킬 수는 없겠지만, 30일간 꾸준히 중국어 필사할 수 있도록 계획성 있는 자기 관리를 통해 성장 기반을 마련할 수 있습니다. 더불어 중국어 필사 내용 또한, 인생에서 필요한 다양한 항목들에 대해 탐구하고 이해할 수 있도록 선별하였습니다. 각 주제는 자기 계발, 리더십, 성공 이야기, 긍정적 사고, 시간 관리, 재무 관리, 건강과 웰빙, 자기 탐색, 창의성, 그리고 관계에 대한 주제들로 구성되어 있습니다.

《30일간 하루 10분 중국어 필사》를 통해 선별된 주제와 관련된 중국어 본문을 읽고 번역하며, 본문의 주요 단어와 관련된 명언을 습득하면서 독자들은 인생의 중요한 가치와 개념을 탐구합니다. 더 나아가, 이 책은 독자들에게 음성 MP3 파일을 제공하여 중국어 본문을 듣고 발음과 억양을 향상시킬 수 있는 기회를 제공합니다. MP3를 통해 학습자는 정확한 발음과 억양을 따라 해 보며 중국어 실력을 더욱 향상시킬 수 있도록 반복적으로 들어봅니다.

《30일간 하루 10분 중국어 필사》는 30일간 자신을 성찰할 수 있는 계기가 될 것이며, 중국어 필사를 계획에 맞춰 하나씩 채워 나갈 때의 즐거움과 심리적 안정감을 함께 느낄 수 있습니다. 이 책을 통해 계획한 바대로 이루어지는 성취감과 만족감을 느껴보시기를 바랍니다.

목차

학습 방법

①

② 解放潜力: 个人成长的旅程
Jiěfàng qiánlì: Gèrén chéngzhǎng de lǚchéng

自我提升是解放潜力的过程, 是个人成长的旅程。通过自我挑战和努力, 你可以发现自己的方向和目标。一个人的成长并不是一蹴而就的, 它是一个漫长且充满挫折的旅程。只要你坚持下去, 你就会找到自己的道路。

Zìwǒ tíshēng shì jiěfàng qiánlì de guòchéng, shì gèrén chéngzhǎng de lǚchéng. Tōngguò zìwǒ tiǎozhàn hé nǔlì, nǐ kěyǐ fāxiàn zìjǐ de fāngxiàng hé mùbiāo. Yí ge rén de chéngzhǎng bìng bú shì yícù érjiù de, tā shì yí ge mànchángqiě chōngmǎn cuòzhé de lǚchéng. Zhǐyào nǐ jiānchí xiàqù, nǐ jiù huì zhǎodào zìjǐ de dàolù.

③ "千里之行, 始于足下。"
Qiānlǐ zhīxíng, shǐyú zúxià.
- 老子 Lǎozǐ

④ ...

自我 zìwǒ 자아　挑战 tiǎozhàn 도전　努力 nǔlì 노력　挫折 cuòzhé 좌절　坚持 jiānchí 견디다/지속하다

── (해석) ──

잠재력의 해방: 개인 성장의 여정

　자기계발은 잠재력을 발휘하는 과정이며, 개인의 성장 여정입니다. 자신을 도전하고 노력함으로써, 자신의 방향과 목표를 발견할 수 있습니다. 한 사람의 성장은 일시에 이루어지는 것이 아니라, 장기간에 걸쳐, 실패와 좌절이 가득한 여정입니다. 그러나 당신이 계속해서 노력한다면, 자신만의 길을 찾을 수 있을 것입니다.

"천리길도 발 밑에서 시작된다."
- 노자

. 10

❶ 꾸준한 일일 학습: 매일 10분씩 시간을 내어 중국어 필사를 진행하세요. 꾸준함이 중요하며, 하루에 10분씩이라도 지속적으로 학습하는 것이 중요합니다. 약속한 시간을 지키고 계획을 따르면서 꾸준히 노력해야 합니다.

❷ 주제별 학습: 이 책은 총 10가지 다양한 주제로 구성되어 있습니다. 각각의 주제는 인생에서 필요한 항목들을 다루고 있으며, 자기 계발, 리더십, 성공 이야기, 긍정적 사고, 시간 관리, 재무 관리, 건강과 웰빙, 자기 탐색, 창의성, 관계 등의 주제를 다룹니다. 주제별로 학습을 진행하면서 해당 주제에 대한 중국어 본문을 읽고 필사하면서 동시에 주제에 대한 내용을 이해하고 습득할 수 있습니다.

❸ 어휘 습득: 중국어 본문의 주요 어휘를 통해 표현력 및 독해력을 향상시킬 수 있습니다. 중국어 본문을 읽고 번역하며 새로운 단어나 문법 구조를 습득하고 학습합니다. 이를 통해 중국어 실력을 향상시킬 수 있습니다.

❹ 명언과 인용구 습득: 중국어 필사를 하면서 본문의 내용과 관련된 명언이나 인용구를 습득할 수 있습니다. 이를 통해 중국어 실력뿐만 아니라 인생의 가치와 개념을 탐구할 수 있습니다.

❺ **음성 MP3 활용:** 이 책은 음성 MP3 파일을 제공합니다. 중국어 본문을 듣고 발음과 억양을 향상시킬 수 있는 기회를 제공하며, 정확한 발음과 억양을 따라해보며 중국어 실력을 더욱 향상시킬 수 있습니다. 반복적으로 들어봄으로써 중국어 듣기 능력을 향상시킬 수 있습니다.

❻ **쓰기 활용:** 필사는 중국어 원문을 읽고 이해하는 과정에서 문맥과 구조를 파악하고 핵심 아이디어를 추출하는 능력을 키울 수 있습니다. 홈페이지에서 무료로 제공하는 필사 노트 pdf 파일을 다운받아 직접 글을 써보며 자신만의 필체를 완성해 보세요.

자기계발

—

自我提升

Zìwǒ tíshēng

자기 계발에 대한 책은 자신을 개선하고
성장하기 위한 다양한 방법을 다룹니다.
자신에 대한 이해, 목표 설정, 습관 형성 등의
주제를 포함할 수 있습니다.

解放潜力: 个人成长的旅程
Jiěfàng qiánlì: Gèrén chéngzhǎng de lǚchéng

自我提升是解放潜力的过程, 是个人成长的旅程。通过自我挑战和努力, 你可以发现自己的方向和目标。一个人的成长并不是一蹴而就的, 它是一个漫长且充满挫折的旅程。只要你坚持下去, 你就会找到自己的道路。

Zìwǒ tíshēng shì jiěfàng qiánlì de guòchéng, shì gèrén chéngzhǎng de lǚchéng. Tōngguò zìwǒ tiǎozhàn hé nǔlì, nǐ kěyǐ fāxiàn zìjǐ de fāngxiàng hé mùbiāo. Yí ge rén de chéngzhǎng bìng bú shì yícù érjiù de, tā shì yí ge màncháng qiě chōngmǎn cuòzhé de lǚchéng. Zhǐyào nǐ jiānchí xiàqù, nǐ jiù huì zhǎodào zìjǐ de dàolù.

> **"千里之行, 始于足下。"**
> Qiānlǐ zhīxíng, shǐyú zúxià.
> - 老子 Lǎozǐ

• • •

自我 zìwo 자아 | 挑战 tiǎozhàn 도전 | 努力 nǔlì 노력 | 挫折 cuòzhé 좌절 | 坚持 jiānchí 견디다/지속하다

(해석)

잠재력의 해방: 개인 성장의 여정

자기계발은 잠재력을 발휘하는 과정이며, 개인의 성장 여정입니다. 자신을 도전하고 노력함으로써, 자신의 방향과 목표를 발견할 수 있습니다. 한 사람의 성장은 일시에 이루어지는 것이 아니라, 장기간에 걸친, 실패와 좌절이 가득한 여정입니다. 그러나 당신이 계속해서 노력한다면, 자신만의 길을 찾을 수 있을 것입니다.

> "천리길도 발 밑에서 시작된다."
> – 노자

MP3

自我提升是解放潜力的过程，是个人成长的旅程。

规划职业道路: 设定目标的力量
Guīhuà zhíyè dàolù: Shèdìng mùbiāo de lìliang

设定目标是人生道路的关键, 有了明确的目标, 我们可以更明确地规划自己的未来。目标不仅能引导我们的方向, 还能激发我们的动力。明确的目标给我们每一步都指明了方向。坚持目标, 你就能够实现梦想, 走向成功的道路。

Shèdìng mùbiāo shì rénshēng dàolù de guānjiàn, yǒu le míngquè de mùbiāo, wǒmen kěyǐ gèng míngquè de guīhuà zìjǐ de wèilái. Mùbiāo bùjǐn néng yǐndǎo wǒmen de fāngxiàng, hái néng jīfā wǒmen de dònglì. Míngquè de mùbiāo gěi wǒmen měi yí bù dōu zhǐmíng le fāngxiàng. Jiānchí mùbiāo, nǐ jiù nénggòu shíxiàn mèngxiǎng, zǒuxiàng chénggōng de dàolù.

> **"不积跬步, 无以至千里。"**
> Bù jī kuǐbù, wú yǐzhì qiānlǐ.
> - 荀子 Xúnzǐ

• • •

设定 shèdìng 설정 | 目标 mùbiāo 목표 | 方向 fāngxiàng 방향 | 动力 dònglì 동력 | 成功 chénggōng 성공

(해석)

진로를 그리다: 목표 설정의 힘

목표를 설정하는 것은 인생의 길을 결정하는 중요한 단계이며, 명확한 목표가 있으면 우리의 미래를 더욱 분명하게 계획할 수 있습니다. 목표는 우리의 방향을 제시할 뿐만 아니라, 우리의 동기를 부여하는 역할도 합니다. 명확한 목표는 우리의 각 단계마다 방향을 제시해줍니다. 목표를 지키면 꿈을 실현할 수 있고, 성공의 길로 나아갈 수 있습니다.

> "작은 걸음을 쌓아 나가지 않으면, 천리를 이룰 수 없다."
> - 순자

成长思维模式的力量: 发挥潜力
Chéngzhǎng sīwéi móshì de lìliang: Fāhuī qiánlì

成长心态是释放潜能的关键。拥有成长心态的人不畏惧失败, 相反, 他们从失败中学习, 不断提高自己。成长心态可以帮助我们克服困难, 发现自己的潜能。每一个挑战都是成长的机会, 每一次失败都是成功的教训。保持成长心态, 永远不要停止学习和提高。

Chéngzhǎng xīntài shì shìfàng qiánnéng de guānjiàn. Yōngyǒu chéngzhǎng xīntài de rén bú wèijù shībài, xiāngfǎn, tāmen cóng shībài zhōng xuéxí, búduàn tígāo zìjǐ. Chéngzhǎng xīntài kěyǐ bāngzhù wǒmen kèfú kùnnan, fāxiàn zìjǐ de qiánnéng. Měi yí ge tiǎozhàn dōu shì chéngzhǎng de jīhuì, měi yí cì shībài dōu shì chénggōng de jiàoxùn. Bǎochí chéngzhǎng xīntài, yǒngyuǎn bú yào tíngzhǐ xuéxí hé tígāo.

> **"学习是永远不会老的人生观。"**
> Xuéxí shì yǒngyuǎn bú huì lǎo de rénshēngguān.
> - 无名 Wúmíng

• • •

成长 chéngzhǎng 성장 | 不畏惧 bú wèijù 두려워하지 않다 | 学习 xuéxí 학습 | 不断 búduàn 끊임없이 | 提高 tígāo 향상시키다

(해석)

성장 마인드셋의 힘: 잠재력 발휘하기

성장 마인드셋은 잠재력을 발휘하는 열쇠입니다. 성장 마인드셋을 가진 사람들은 실패를 두려워하지 않고, 오히려 실패를 통해 배우며 계속해서 자신을 개선합니다. 성장 마인드셋은 우리에게 어려움을 극복하고, 자신의 잠재력을 발견하는 데 도움을 줍니다. 모든 도전은 성장의 기회이며, 모든 실패는 성공으로 가는 교훈입니다. 성장 마인드셋을 유지하며, 항상 학습하고 향상하는 것을 멈추지 맙시다.

> "학습은 영원히 늙지 않는 인생관이다."
> – 미상

成长心态是释放潜能的关键

리더십

—

领导力
Lǐngdǎolì

리더십에 대한 책은 효과적인 리더가 되는 데 도움을 줍니다.
커뮤니케이션 기술, 조직 강화, 문제 해결 능력 등
리더십에 필요한 다양한 요소들을 다룰 수 있습니다.

有远见的领导力: 闪耀未来的挑战
Yǒu yuǎnjiàn de lǐngdǎolì: Shǎnyào wèilái de tiǎozhàn

有远见的领导力是建设光明未来的关键。领导者必须具备清晰的愿景和方向, 以激发团队的激情和创造力。领导者通过促进合作和沟通, 可使团队成员互相支持和鼓励。敢于挑战现状, 勇于迎接未来, 只有这样才能创造出卓越的成就。这样的领导者知道如何有效利用资源, 引导团队走向成功。

Yǒu yuǎnjiàn de lǐngdǎolì shì jiànshè guāngmíng wèilái de guānjiàn. Lǐngdǎozhě bìxū jùbèi qīngxī de yuànjǐng hé fāngxiàng, yǐ jīfā tuánduì de jīqíng hé chuàngzàolì. Lǐngdǎozhě tōngguò cùjìn hézuò hé gōutōng, kě shǐ tuánduì chéngyuán hùxiāng zhīchí hé gǔlì. Gǎnyú tiǎozhàn xiànzhuàng, yǒngyú yíngjiē wèilái, zhǐyǒu zhèyàng cái néng chuàngzào chū zhuóyuè de chéngjiù. Zhèyàng de lǐngdǎozhě zhīdào rúhé yǒuxiào lìyòng zīyuán, yǐndǎo tuánduì zǒuxiàng chénggōng.

> **"政以德, 效以百姓。"**
> Zhèng yǐ dé, xiào yǐ bǎixìng.
>
> - 孔子 Kǒngzǐ

• • •

远见 yuǎnjiàn 원망 | **愿景** yuànjǐng 비전 | **激情** jīqíng 열정 | **挑战** tiǎozhàn 도전 | **资源** zīyuán 자원

(해석)

비전있는 리더십: 빛나는 미래를 위한 도전

비전 있는 리더십은 밝은 미래를 구축하는 열쇠입니다. 리더는 명확한 비전과 방향을 가져야 하며, 이를 통해 팀의 열정과 창의력을 자극해야 합니다. 리더는 협력과 소통을 촉진함으로써 팀원들이 서로를 지지하고 격려할 수 있게 합니다. 현 상황에 도전할 용기를 갖고 미래를 대비할 용기가 있어야만 탁월한 성과를 창출할 수 있습니다. 이러한 리더는 자원을 효율적으로 활용하는 방법을 알고, 팀을 성공으로 인도하는 방향을 제시합니다.

"정치는 도덕적으로 이루어져야 하며, 효과는 백성에 의해 나타난다."

– 공자

有远见的领导力是建设光明未来的关键

服务领导力: 以利他主义和同情引导
Fúwù lǐngdǎolì: Yǐ lìtā zhǔyì hé tóngqíng yǐndǎo

服务型领导力关注于团队的需求和成长, 通过同理心和无私奉献来引导和激励。服务型领导者关心团队成员的福利和职业发展, 他们的目标是帮助他们成长和成功。倾听和理解团队成员的感受和需求, 有助于建立强大的团队合作和信任关系。通过积极的沟通和共享愿景, 可以增强团队的凝聚力。服务型领导者致力于激发团队成员的潜能, 并以关心和支持的方式引导和协助团队。

Fúwùxíng lǐngdǎolì guānzhù yú tuánduì de xūqiú hé chéngzhǎng, tōngguò tónglǐxīn hé wúsī fèngxiàn lái yǐndǎo hé jīlì. Fúwùxíng lǐngdǎozhě guānxīn tuánduì chéngyuán de fúlì hé zhíyè fāzhǎn, tāmen de mùbiāo shì bāngzhù tāmen chéngzhǎng hé chénggōng. Qīngtīng hé lǐjiě tuánduì chéngyuán de gǎnshòu hé xūqiú, yǒuzhùyú jiànlì qiángdà de tuánduì hézuò hé xìnrèn guānxi. Tōngguò jījí de gōutōng hé gòngxiǎng yuànjǐng, kěyǐ zēngqiáng tuánduì de níngjùlì. Fúwùxíng lǐngdǎozhě zhìlìyú jīfā tuánduì chéngyuán de qiánnéng, bìng yǐ guānxīn hé zhīchí de fāngshì yǐndǎo hé xiézhù tuánduì.

> "以爱心为引, 服务于众。"
> Yǐ àixīn wéi yǐn, fúwù yúzhòng.
> - 老子 Lǎozǐ

• • •

关注 guānzhù 주목하다 | 成功 chénggōng 성공 | 强大 qiángdà 강력한 | 积极 jījí 적극적으로 | 需求 xūqiú 필요

(해석)

섬김의 리더십: 이타주의와 공감으로 이끄는

섬김의 리더십은 팀의 필요와 성장에 중점을 둡니다. 동정심과 이타적 헌신을 통해 지도하고 동기를 부여합니다. 섬김형 리더들은 팀원들의 복지와 직업 발전을 중요시하며, 그들의 목표는 팀원들이 성장하고 성공하는 것을 도와주는 것입니다. 팀원들의 감정과 필요를 경청하고 이해하는 것은 팀의 협력과 신뢰 관계를 강화하는 데 도움이 됩니다. 적극적인 커뮤니케이션과 비전 공유를 통해 팀의 단합력을 높일 수 있습니다. 섬김형 리더들은 팀원들의 잠재 능력을 끌어내는 데 힘쓰고, 팀을 돌보고 지원하는 방식으로 이끌고 협력합니다.

> "사랑하는 마음을 가지고, 다른 이를 섬겨야 한다."
> – 노자

适应型领导力: 通过灵活性和创新探索复杂性
Shìyìngxíng lǐngdǎolì: Tōngguò línghuóxìng hé chuàngxīn tànsuǒ fùzáxìng

适应型领导力强调通过灵活性和创新来探索复杂性。适应型领导者能够迅速地应对和适应不断变化的环境, 将挑战视为机会, 而非威胁。他们敢于尝试新事物, 不怕失败, 通过多元化思维来解决问题。适应型领导者关注持续的改进和组织的灵活性, 共同创造一个更好的未来。

Shìyìngxíng lǐngdǎolì qiángdiào tōngguò línghuóxìng hé chuàngxīn lái tànsuǒ fùzáxìng. Shìyìngxíng lǐngdǎozhě nénggòu xùnsù de yìngduì hé shìyìng búduàn biànhuà de huánjìng, jiāng tiǎozhàn shìwéi jīhuì, ér fēi wēixié. Tāmen gǎnyú chángshì xīn shìwù, bú pà shībài, tōngguò duōyuánhuà sīwéi lái jiějué wèntí. Shìyìngxíng lǐngdǎozhě guānzhù chíxù de gǎijìn hé zǔzhī de línghuóxìng, gòngtóng chuàngzào yí ge gèng hǎo de wèilái.

> **"变随时变, 通于未变。"**
> Biàn suíshí biàn, tōngyú wèi biàn.
> - 庄子 Zhuāngzǐ

• • •

灵活性 línghuóxìng 유연성 ┃ 创新 chuàngxīn 혁신 ┃ 应对 yìngduì 대응하다 ┃ 尝试 chángshì 시도하다
┃ 多元化 duōyuánhuà 다양화

(해석)

적응 리더십: 유연성과 혁신으로 복잡성을 탐색하는

적응형 리더십은 유연성과 혁신을 통해 복잡성을 탐색하는 것을 강조합니다. 적응형 리더는 빠르게 변화하는 환경에 대응하고 적응할 수 있으며, 도전을 기회로 보고 위협이 아니라고 생각합니다. 그들은 새로운 것을 시도하는 것을 두려워하지 않고, 실패를 두려워하지 않으며, 다양한 사고로 문제를 해결합니다. 적응형 리더는 지속적인 개선과 조직의 유연성에 중점을 둬서, 함께 더 나은 미래를 창조합니다.

> "변하기는 시간의 변화에 따라 변하되, 변하지 않는 원칙에는 일관되게 대응하라."
> – 장자

活应型领导力帮周通过灵活性和创新来探索复杂性

성공 스토리

—

成功故事

Chénggōng gùshi

성공한 사람들의 이야기를 다룬 책은 영감을 주고 동기부여를 할 수 있습니다.
어려움을 극복하고 목표를 달성하는 과정에서 얻은
교훈과 전략을 공유하는 이야기들을 포함할 수 있습니다.

从成功的人们那里找到灵感: 发挥成功潜力
Cóng chénggōng de rénmen nàli zhǎodào línggǎn: Fāhuī chénggōng qiánlì

从成功人士那里获得灵感是一件非常有益的事情, 他们的故事常常激发我们追求更高的目标。成功人士的经验和智慧可以帮助我们找到正确的方向, 实现自己的潜能。通过观察并学习成功人士的坚持与努力, 我们可以深刻地理解到成功所需的决心与勇气。成功人士教会了我们如何利用自己的潜能, 不断努力和挑战自己, 走向成功。

Cóng chénggōng rénshì nàli huòdé línggǎn shì yí jiàn fēicháng yǒuyì de shìqing, tāmen de gùshi chángcháng jīfā wǒmen zhuīqiú gèng gāo de mùbiāo. Chénggōng rénshì de jīngyàn hé zhìhuì kěyǐ bāngzhù wǒmen zhǎodào zhèngquè de fāngxiàng, shíxiàn zìjǐ de qiánnéng. Tōngguò guānchá bìng xuéxí chénggōng rénshì de jiānchí yǔ nǔlì, wǒmen kěyǐ shēnkè de lǐjiě dào chénggōng suǒ xū de juéxīn yǔ yǒngqì. Chénggōng rénshì jiāohuì le wǒmen rúhé lìyòng zìjǐ de qiánnéng, búduàn nǔlì hé tiǎozhàn zìjǐ, zǒuxiàng chénggōng.

> **"读万卷书, 行万里路。"**
> Dú wàn juǎn shū, xíng wàn lǐ lù.
> - 朱熹 Zhūxī

• • •

灵感 línggǎn 영감 | 故事 gùshi 이야기 | 经验 jīngyàn 경험 | 观察 guānchá 관찰하다 | 决心 juéxīn 결심

(해석)

성공한 개인들로부터 영감을 얻다: 성공을 위한 잠재력 발휘

성공한 사람들로부터 영감을 얻는 것은 매우 유익한 일이며, 그들의 이야기는 우리에게 더 높은 목표를 추구하게 하는 동기를 자주 부여합니다. 성공한 사람들의 경험과 지혜는 우리에게 올바른 방향을 찾을 수 있게 도움을 주며, 우리 자신의 잠재력을 발휘하게 합니다. 성공한 사람들의 인내와 노력을 관찰하며 배우면, 성공을 위해 필요한 결단력과 용기에 대해 깊이 이해할 수 있습니다. 성공한 사람들은 우리에게 어떻게 자신의 잠재력을 활용하여 끊임없이 노력하고 스스로를 도전함으로써 성공으로 나아갈 수 있는지를 가르쳐 줍니다.

> "만 권의 책을 읽고, 만 리의 길을 걷다."
> – 주희

从成功人士那里获得灵感是一件非常有益的事情，

克服挑战: 鼓舞人心的耐心和成长故事
Kèfú tiǎozhàn: Gǔwǔ rénxīn de nàixīn hé chéngzhǎng gùshi

面对挑战时, 我们需要的不仅是勇气和决心, 还需要耐心和智慧来克服困难。很多人通过努力和坚持克服了生活中的各种挑战, 他们的故事便成为了我们成长和进步的鼓舞与榜样。无论遇到什么样的困难, 只要有决心和信念, 就有可能战胜挑战, 走向成功。我们可以从他人的挑战和胜利中汲取力量和动力, 将自己的挫败转化为成功的契机。

Miànduì tiǎozhàn shí, wǒmen xūyào de bùjǐn shì yǒngqì hé juéxīn, hái xūyào nàixīn hé zhìhuì lái kèfú kùnnan. Hěn duō rén tōngguò nǔlì hé jiānchí kèfú le shēnghuó zhōng de gèzhǒng tiǎozhàn, tāmen de gùshi biàn chéngwéi le wǒmen chéngzhǎng hé jìnbù de gǔwǔ yǔ bǎngyàng. Wúlùn yùdào shénmeyàng de kùnnan, zhǐyào yǒu juéxīn hé xìnniàn, jiù yǒu kěnéng zhànshèng tiǎozhàn, zǒuxiàng chénggōng. Wǒmen kěyǐ cóng tārén de tiǎozhàn hé shènglì zhōng jíqǔ lìliang hé dònglì, jiāng zìjǐ de cuòbài zhuǎnhuà wéi chénggōng de qìjī.

> ## "天行健, 君子以自强不息。"
> Tiānxíngjiàn, jūnzǐ yǐ zìqiáng bùxī.
> - 周易 Zhōuyì

• • •

勇气 yǒngqì 용기 | 耐心 nàixīn 인내심 | 故事 gùshi 이야기 | 鼓舞 gǔwǔ 격려하다 | 信念 xìnniàn 신념

(해석)

도전을 극복하다: 인내와 성장의 영감을 주는 이야기

도전을 마주할 때, 우리가 필요로 하는 것은 용기와 결단력 뿐만 아니라, 어려움을 극복하기 위한 인내와 지혜도 필요합니다. 많은 사람들이 노력과 인내를 통해 삶의 다양한 도전을 극복해왔으며, 그들의 이야기는 우리의 성장과 발전에 큰 영감과 본보기가 되었습니다. 어떠한 어려움에 마주치더라도, 결단력과 신념만 있다면 도전을 이기고 성공의 길을 걷게 될 가능성이 있습니다. 우리는 다른 사람의 도전과 승리에서 힘과 동기를 얻어, 자신의 실패를 성공으로 이어질 기회로 바꿀 수 있습니다.

> "하늘은 끊임없이 움직이며, 군자는 그를 본받아 끊임없이 자신을 단련한다."
> – 주역

面对挑战时，我们需要的不仅是勇气和决心。

战胜逆境: 个人成就的启发故事
Zhànshèng nìjìng: Gèrén chéngjiù de qǐfā gùshi

在逆境中, 有人选择放弃, 而有人却选择坚持, 凭借坚韧的毅力战胜了一切困难。面对困境, 勇敢的人从不退缩, 他们通过不懈的努力和积极的态度, 逐步实现了自己的目标。在生活的道路上, 我们经常遇到困难和挫折, 但是只要我们坚持信念, 就能克服一切。有时候, 生活中的失败只是暂时的, 只要我们勇于继续, 总会迎来新的机会和曙光。

Zài nìjìng zhōng, yǒu rén xuǎnzé fàngqì, ér yǒu rén què xuǎnzé jiānchí, píngjiè jiānrèn de yìlì zhànshèng le yíqiè kùnnan. Miànduì kùnjìng, yǒnggǎn de rén cóngbú tuìsuō, tāmen tōngguò búxiè de nǔlì hé jījí de tàidu, zhúbù shíxiàn le zìjǐ de mùbiāo. Zài shēnghuó de dàolù shàng, wǒmen jīngcháng yùdào kùnnan hé cuòzhé, dànshì zhǐyào wǒmen jiānchí xìnniàn, jiù néng kèfú yíqiè. Yǒushíhòu, shēnghuó zhōng de shībài zhǐshì zànshí de, zhǐyào wǒmen yǒngyú jìxù, zǒnghuì yínglái xīn de jīhuì hé shǔguāng.

> **"困难处之勇者胜。"**
> Kùnnan chù zhī yǒngzhě shèng.
> - 左传 Zuǒchuán

• • •

逆境 nìjìng 역경 ┃ 勇敢 yǒnggǎn 용감하다 ┃ 态度 tàidu 태도 ┃ 失败 shībài 실패 ┃ 曙光 shǔguāng 새벽 빛/희망

(해석)

역경을 이기다: 개인적인 업적을 이룬 영감을 주는 이야기

역경 속에서, 일부는 포기를 선택하고, 다른 일부는 굳게 버텨, 끈질긴 의지로 모든 어려움을 이겨냈습니다. 어려운 상황에 직면했을 때, 용감한 사람들은 결코 물러서지 않고, 끊임없는 노력과 긍정적인 자세로 자신의 목표를 차근차근 향해 나아갔습니다. 삶의 길에서 우리는 자주 어려움과 좌절을 마주하게 되지만, 우리만이 믿음을 고수한다면 모든 것을 극복할 수 있습니다. 가끔, 생활에서의 실패는 일시적인 것일 뿐, 우리가 용기를 내어 계속 전진한다면 새로운 기회와 희망의 빛이 우리를 기다리고 있을 것입니다.

"어려운 상황에서 용감한 자가 이긴다."
– 좌전

在逆境中，有人选择放弃，而有人却选择坚持。

긍정적인 생각

积极思考

Jījí sīkǎo

긍정적인 마인드 셋을 개발하는 것은
성공과 행복을 추구하는 데 중요한 요소입니다.
긍정적인 사고방식, 자기 자신에 대한 신뢰,
어려움에 대한 긍정적인 관점을 다룬 책을 추천해 드립니다.

乐观主义的力量: 接受积极态度成功
Lèguān zhǔyì de lìliang: Jiēshòu jījí tàidu chénggōng

乐观的态度是通往成功的关键之一, 可以激发我们的潜能, 使我们坚持不懈地追求目标。保持积极乐观的人, 面对挫折时总能找到解决办法, 他们不怕失败, 而是从失败中汲取教训。乐观不仅可以带来愉悦的心情, 还能提高我们的工作效率和生活质量。通过积极的思考和行动, 我们可以实现我们的梦想, 乐观的人生观能帮助我们更好地面对生活的挑战。

Lèguān de tàidu shì tōngwǎng chénggōng de guānjiàn zhīyī, kěyǐ jīfā wǒmen de qiánnéng, shǐ wǒmen jiānchí búxiè de zhuīqiú mùbiāo. Bǎochí jījí lèguān de rén, miànduì cuòzhé shí zǒng néng zhǎodào jiějué bànfǎ, tāmen bú pà shībài, érshì cóng shībài zhōng jíqǔ jiàoxùn. Lèguān bùjǐn kěyǐ dàilái yúyuè de xīnqíng, hái néng tígāo wǒmen de gōngzuò xiàolǜ hé shēnghuó zhìliàng. Tōngguò jījí de sīkǎo hé xíngdòng, wǒmen kěyǐ shíxiàn wǒmen de mèngxiǎng, lèguān de rénshēngguān néng bāngzhù wǒmen gèng hǎo de miànduì shēnghuó de tiǎozhàn.

> **"天生我材必有用。"**
> Tiānshēng wǒ cái bì yǒuyòng.
> - 李白 Lǐbái

• • •

乐观 lèguān 낙관적 | 态度 tàidu 태도 | 挫折 cuòzhé 좌절 | 思考 sīkǎo 생각하다 | 人生观 rénshēngguān 인생관

(해석)

낙관주의의 힘: 성공을 향한 긍정적인 태도의 수용

긍정적인 태도는 성공으로 가는 길의 중요한 열쇠 중 하나이며, 우리의 잠재력을 끌어올릴 수 있게 해 주고 목표를 끈질기게 추구하게 만듭니다. 긍정적이고 낙관적인 사람들은 좌절을 마주했을 때도 해결책을 항상 찾을 수 있으며, 그들은 실패를 두려워하지 않고 오히려 실패에서 교훈을 얻습니다. 낙관은 기쁨 가득한 마음을 가져다 주는 것뿐만 아니라 우리의 업무 효율과 생활 질을 높여줄 수 있습니다. 적극적인 사고와 행동을 통해 우리는 우리의 꿈을 실현할 수 있고, 낙관적인 인생관은 우리가 삶의 도전들에 더 잘 대처하도록 도와줍니다.

> "천부적인 재능은 반드시 쓰임새가 있다."
> – 이백

乐观的态度是通往成功的关键之一。

感恩的艺术: 培养积极的生活
Gǎn'ēn de yìshù: Péiyǎng jījí de shēnghuó

感恩是一种深深的理解和珍视生活中的美好时光和人们的付出。通过对生活中的日常的点滴表示感激, 我们能学会更积极和乐观地面对生活。感激之心能让我们更容易发现生活中的美好, 培养一种积极的人生态度。感恩的态度不仅能增强我们的幸福感, 还能提高我们与人相处的能力。

Gǎn'ēn shì yì zhǒng shēnshēn de lǐjiě hé zhēnshì shēnghuó zhōng de měihǎo shíguāng hé rénmen de fùchū. Tōngguò duì shēnghuó zhōng de rìcháng de diǎndī biǎoshì gǎnjī, wǒmen néng xuéhuì gèng jījí hé lèguān de miànduì shēnghuó. Gǎnjī zhī xīn néng ràng wǒmen gèng róngyì fāxiàn shēnghuó zhōng de měihǎo, péiyǎng yì zhǒng jījí de rénshēng tàidu. Gǎn'ēn de tàidu bùjǐn néng zēngqiáng wǒmen de xìngfúgǎn, hái néng tígāo wǒmen yǔ rén xiāngchǔ de nénglì.

> "满怀感激, 事半功倍。"
> Mǎnhuái gǎnjī, shì bàn gōng bèi.
> - 孟子 Mèngzǐ

• • •

感恩 gǎn'ēn 감사함 │ 理解 lǐjiě 이해하다 │ 乐观 lèguān 낙관적 │ 发现 fāxiàn 발견하다 │ 幸福感 xìngfúgǎn 행복감

─(해석)─

감사의 예술: 긍정적인 삶을 기르다

감사는 생활 속의 아름다운 순간과 남의 노력을 깊이 이해하고 소중히 여기는 태도입니다. 일상의 작은 것들에 대한 감사를 표현함으로써, 우리는 더 활기차고 긍정적으로 삶을 대할 수 있게 됩니다. 감사한 마음은 우리에게 삶 속의 아름다움을 더 쉽게 발견할 수 있도록 돕고, 긍정적인 삶의 태도를 기르는 데에 도움을 줍니다. 감사의 태도는 우리의 행복감을 증진시키는 것뿐만 아니라, 타인과의 관계를 개선하는 능력도 향상시킵니다.

> "감사한 마음을 가득 품고 있으면, 일을 반으로 줄여도 성과는 두 배가 된다."
> – 맹자

积极的自我对话的力量: 带来个人成长和成功
Jījí de zìwǒ duìhuà de lìliang: Dàilai gèrén chéngzhǎng hé chénggōng

积极的自我对话是实现个人成长和成功的重要步骤。通过对自己的积极肯定和鼓励, 我们可以提升自信和动力。自我对话不仅帮助我们理解自己, 还能助我们找到解决问题的方法。保持积极的自我对话, 有助于维持内心的平和与积极的生活态度。

Jījí de zìwǒ duìhuà shì shíxiàn gèrén chéngzhǎng hé chénggōng de zhòngyào bùzhòu. Tōngguò duì zìjǐ de jījí kěndìng hé gǔlì, wǒmen kěyǐ tíshēng zìxìn hé dònglì. Zìwǒ duìhuà bùjǐn bāngzhù wǒmen lǐjiě zìjǐ, hái néng zhù wǒmen zhǎodào jiějué wèntí de fāngfǎ. Bǎochí jījí de zìwǒ duìhuà, yǒuzhùyú wéichí nèixīn de pínghé yǔ jījí de shēnghuó tàidu.

> **"与自己和解, 便是人生第一步。"**
> Yǔ zìjǐ héjiě, biàn shì rénshēng dì yí bù.
>
> - 庄子 Zhuāngzǐ

• • •

积极 jījí 긍정적 ｜ 自我对话 zìwǒ duìhuà 자기 대화 ｜ 提升 tíshēng 향상시키다 ｜ 理解 lǐjiě 이해하다
维持 wéichí 유지하다

(해석)

긍정적인 자기 대화의 힘: 자기 성장과 성공 끌어내기

긍정적인 자기 대화는 개인의 성장과 성공을 이루는 중요한 단계입니다. 자신에게 긍정적인 인정과 격려를 통해, 우리는 자신감과 동기를 높일 수 있습니다. 자기 대화는 우리가 자신을 이해하는 데 도움을 줄 뿐만 아니라, 문제를 해결하는 방법을 찾는 데에도 도움이 됩니다. 긍정적인 자기 대화를 유지하면, 마음의 평온과 긍정적인 삶의 태도를 유지하는 데에 도움이 됩니다.

"자신과 화해하는 것, 그것이 인생의 첫걸음이다."

– 장자

积极的自我对话是实现个人成长和成功的重要步骤

시간 관리

—

时间管理

Shíjiān guǎnlǐ

효율적인 시간 관리는 성공적인 삶을 살기 위해 필수적입니다.
시간을 효과적으로 계획하고 우선순위를 정하는 방법,
작업을 완료하는 데 필요한 스킬 등에 대한 책을 고려해 보세요.

最大化生产力: 有效工作的优先技巧
Zuìdàhuà shēngchǎnlì: Yǒuxiào gōngzuò de yōuxiān jìqiǎo

高效的时间管理不仅有助于提高生产性, 还能帮助我们在日常生活和工作中设定优先次序。通过设置明确的工作优先次序, 我们可以更专注于重要任务, 有效地减轻工作压力。利用适当的工具和技巧, 我们能够更有效地规划我们的时间, 使生活更有序。学会如何优先安排工作和生活, 不仅使我们的生活更富有意义, 还能实现个人和职业上的成长。

Gāoxiào de shíjiān guǎnlǐ bùjǐn yǒuzhùyú tígāo shēngchǎnxìng, hái néng bāngzhù wǒmen zài rìcháng shēnghuó hé gōngzuò zhōng shèdìng yōuxiān cìxù. Tōngguò shèzhì míngquè de gōngzuò yōuxiān cìxù, wǒmen kěyǐ gèng zhuānzhùyú zhòngyào rènwù, yǒuxiào de jiǎnqīng gōngzuò yālì. Lìyòng shìdàng de gōngjù hé jìqiǎo, wǒmen nénggòu gèng yǒuxiào de guīhuà wǒmen de shíjiān, shǐ shēnghuó gèng yǒuxù. Xuéhuì rúhé yōuxiān ānpái gōngzuò hé shēnghuó, bùjǐn shǐ wǒmen de shēnghuó gèng fùyǒu yìyì, hái néng shíxiàn gèrén hé zhíyè shàng de chéngzhǎng.

> "时间如金, 不可浪费。"
> Shíjiān rújīn, bùkě làngfèi.
> - 孔子 Kǒngzǐ

• • •

高效 gāoxiào 효율적 | 设定 shèdìng 설정하다 | 优先次序 yōuxiān cìxù 우선 순위 | 规划 guīhuà 계획하다
| 有序 yǒuxù 정돈된

(해석)

생산성 극대화: 효과적인 작업 우선순위 설정의 기술

효율적인 시간 관리는 생산성을 높이는 데 도움이 되는 것뿐만 아니라, 우리가 일상 생활과 업무에서 우선 순위를 설정하는 데도 도움을 줍니다. 명확한 업무 우선 순위를 설정함으로써, 우리는 중요한 작업에 더 집중할 수 있고, 업무 스트레스를 효과적으로 줄일 수 있습니다. 적절한 도구와 기술을 활용하면, 우리의 시간을 더 효과적으로 계획할 수 있으며, 생활을 더 체계적으로 만들 수 있습니다. 어떻게 업무와 생활의 우선 순위를 설정할지를 배우는 것은, 우리의 생활을 더 의미 있게 만들어주는 것뿐만 아니라, 개인과 직업적인 성장을 이루는 데에도 도움이 됩니다.

> "시간은 금과 같아서 낭비해서는 안 된다."
> – 공자

高效的时间管理不仅有助于提高生产性，

通往成功之路: 掌握有效的目标设定和时间管理
Tōngwǎng chénggōng zhī lù: Zhǎngwò yǒuxiào de mùbiāo shèdìng hé shíjiān guǎnlǐ

设立清晰的目标是通向成功的关键, 每个人都应该掌握目标设定的方法。时间管理是实现目标的重要手段, 它能让你更加高效地完成工作。通过合理规划时间, 可以减少压力, 让生活变得更加有序。精准的时间管理能力是每个人都应该具备的能力, 无论是在职场还是日常生活中都极其实用。

Shèlì qīngxī de mùbiāo shì tōngxiàng chénggōng de guānjiàn, měi ge rén dōu yīnggāi zhǎngwò mùbiāo shèdìng de fāngfǎ. Shíjiān guǎnlǐ shì shíxiàn mùbiāo de zhòngyào shǒuduàn, tā néng ràng nǐ gèngjiā gāoxiào de wánchéng gōngzuò. Tōngguò hélǐ guīhuà shíjiān, kěyǐ jiǎnshǎo yālì, ràng shēnghuó biàn de gèngjiā yǒuxù. Jīngzhǔn de shíjiān guǎnlǐ nénglì shì měi ge rén dōu yīnggāi jùbèi de nénglì, wúlùn shì zài zhíchǎng hái shì rìcháng shēnghuó zhōng dōu jíqí shíyòng.

> **"明确的目标是成就事业的航标。"**
> Míngquè de mùbiāo shì chéngjiù shìyè de hángbiāo.
> - 张伯苓 Zhāngbólíng

● ● ●

目标 mùbiāo 목표 | 高效 gāoxiào 효율적 | 规划 guīhuà 계획하다 | 压力 yālì 압박 | 精准 jīngzhǔn 정확하다

(해석)

성공을 향한 길: 효과적인 목표 설정과 시간 관리의 습득

명확한 목표를 설정하는 것은 성공으로 가는 길의 핵심입니다. 모든 사람은 목표 설정 방법을 습득해야 합니다. 시간 관리는 목표를 달성하는 중요한 수단이며, 이를 통해 작업을 더 효율적으로 완료할 수 있습니다. 시간을 합리적으로 계획함으로써 스트레스를 줄이고, 생활을 더욱 체계적으로 만들 수 있습니다. 정확한 시간 관리 능력은 모든 사람이 갖추어야 하는 기술이며, 직장에서든 일상 생활에서든 매우 유용합니다.

> "명확한 목표는 성공의 등대이다."
> – 장보령

克服拖延: 提高生产力和实现成功
Kèfú tuōyán: Tígāo shēngchǎnlì hé shíxiàn chénggōng

拖延是许多人在工作和生活中面临的难题, 克服拖延并让生活更加有序, 成为一项重要的挑战。 设定明确的目标, 合理安排时间, 可以提高工作效率, 更快实现自己的愿望。 不要让拖延成为你前进的障碍, 保持积极的态度并付诸行动, 去迈向你的目标。时刻关注自己的进展, 勇于承担责任, 坚持努力, 你会看到自己的进步和成功。

Tuōyán shì xǔduō rén zài gōngzuò hé shēnghuó zhōng miànlín de nántí, kèfú tuōyán bìng ràng shēnghuó gèngjiā yǒuxù, chéngwéi yíxiàng zhòngyào de tiǎozhàn. Shèdìng míngquè de mùbiāo, hélǐ ānpái shíjiān, kěyǐ tígāo gōngzuò xiàolǜ, gèng kuài shíxiàn zìjǐ de yuànwàng. Búyào ràng tuōyán chéngwéi nǐ qiánjìn de zhàng'ài, bǎochí jījí de tàidu bìng fùzhū xíngdòng, qù màixiàng nǐ de mùbiāo. Shíkè guānzhù zìjǐ de jìnzhǎn, yǒngyú chéngdān zérèn, jiānchí nǔlì, nǐ huì kàndào zìjǐ de jìnbù hé chénggōng.

> "拖延是梦想的最大敌人, 今天的努力是明天最可靠的承诺。"
>
> Tuōyán shì mèngxiǎng de zuì dà dírén, jīntiān de nǔlì shì míngtiān zuì kěkào de chéngnuò.
>
> - 无名 Wúmíng

• • •

拖延 tuōyán 지연 | 效率 xiàolǜ 효율 | 积极 jījí 긍정적 | 努力 nǔlì 노력하다 | 进步 jìnbù 진보

(해석)

미루기 극복: 생산성 발휘와 성공 달성

미루기는 많은 사람들이 업무와 생활에서 마주하는 어려움이며, 미루기를 극복하고 생활을 더욱 정돈된 상태로 만들기 위한 중요한 도전이 됩니다. 명확한 목표를 설정하고 시간을 합리적으로 배치하면, 작업 효율성을 높일 수 있고 자신의 소망을 더 빨리 이룰 수 있습니다. 미루기를 당신의 전진하는 길의 장애물로 만들지 마시고, 긍정적인 태도를 유지하며 실제 행동으로 당신의 목표를 향해 나아가십시오. 자신의 진척 상황에 항상 주의를 기울이고, 책임을 용감하게 지며 노력을 계속하면, 당신은 자신의 발전과 성공을 보게 될 것입니다.

> "미루기는 꿈의 가장 큰 적이며, 오늘의 노력은 내일에 대한 가장 확실한 약속이다."
>
> – 미상

拖延是许多人在工作和生活中面临的难题，

금융 관리

財务管理

Cáiwù guǎnlǐ

금전적인 측면에서의 스마트한 결정은
안정적인 경제적인 미래를 위해 중요합니다.
예산 관리, 투자 전략, 부동산 투자 등
금융 관리에 관한 책을 검토해 보세요.

个人财务规划: 预算设置的财务成功
Gèrén cáiwù guīhuà: Yùsuàn shèzhì de cáiwù chénggōng

个人财务规划是一项至关重要的任务, 它有助于实现财务成功和稳定的未来。通过合理的预算管理, 人们可以更有效地控制自己的开支, 从而更加有效地实现自己的财务目标。明确设定财务目标并严格按照计划执行, 有助于确保资金的合理使用, 使个人财务管理更加有效和稳健。不仅要关注现在的消费需求, 还要为未来的计划和可能的突发事件做好准备。

Gèrén cáiwù guīhuà shì yíxiàng zhìguān zhòngyào de rènwù, tā yǒuzhùyú shíxiàn cáiwù chénggōng hé wěndìng de wèilái. Tōngguò hélǐ de yùsuàn guǎnlǐ, rénmen kěyǐ gèng yǒuxiào de kòngzhì zìjǐ de kāizhī, cóng 'ér gèngjiā yǒuxiào de shíxiàn zìjǐ de cáiwù mùbiāo. Míngquè shèdìng cáiwù mùbiāo bìng yángé ànzhào jìhuà zhíxíng, yǒuzhùyú quèbǎo zījīn de hélǐ shǐyòng, shǐ gèrén cáiwù guǎnlǐ gèngjiā yǒuxiào hé wěnjiàn. Bùjǐn yào guānzhù xiànzài de xiāofèi xūqiú, háiyào wèi wèilái de jìhuà hé kěnéng de tūfā shìjiàn zuòhǎo zhǔnbèi.

> **"未来不在于我们期待的明天, 而在于我们今天所付出的努力。"**
> Wèilái bú zàiyú wǒmen qīdài de míngtiān, ér zàiyú wǒmen jīntiān suǒ fùchū de nǔlì.
> - 毛泽东 Máozédōng

• • •

个人 gèrén 개인 ┊ 管理 guǎnlǐ 관리하다 ┊ 有效 yǒuxiào 효과적인 ┊ 合理 hélǐ 합리적으로 ┊ 准备 zhǔnbèi 준비하다

(해석)

개인 재정 기획하기: 재무 성공을 위한 예산 편성

개인 재무 계획은 매우 중요한 작업입니다. 이것은 재무적 성공과 안정된 미래를 실현하는 데 도움을 줍니다. 합리적인 예산 관리를 통해 사람들은 자신의 지출을 더 효과적으로 통제할 수 있으며, 이를 통해 재무 목표를 더 효과적으로 달성할 수 있습니다. 명확한 재무 목표를 설정하고 엄격하게 계획대로 실행하면, 자금의 합리적인 사용을 보장하는 데 도움이 되며, 개인 재무 관리를 더 효과적이고 견고하게 만듭니다. 현재의 소비 요구에만 주목하지 말고, 미래의 계획과 갑작스러운 사건에 대비해 준비도 해야 합니다.

> "미래는 우리가 기대하는 내일에 있는 것이 아니라, 오늘 우리가 기울이는 노력에 있다."
> – 마오쩌둥

个人财务规划是一项至关重要的任务,

投资增长财富: 走向财务成功的道路
Tóuzī zēngzhǎng cáifù: Zǒuxiàng cáiwù chénggōng de dàolù

投资自己的未来, 计划并制定长远的财务目标, 是实现经济独立和成功的关键。理解投资的重要性, 并学会通过准确的分析选择合适的投资机会, 可以提高财富的增长速度。通过积极的投资策略, 可以建立坚实的财务基础, 为未来的金融安全奠定基础。

Tóuzī zìjǐ de wèilái, jìhuà bìng zhìdìng chángyuǎn de cáiwù mùbiāo, shì shíxiàn jīngjì dúlì hé chénggōng de guānjiàn. Lǐjiě tóuzī de zhòngyàoxìng, bìng xuéhuì tōngguò zhǔnquè de fēnxī xuǎnzé héshì de tóuzī jīhuì, kéyǐ tígāo cáifù de zēngzhǎng sùdù. Tōngguò jījí de tóuzī cèlüè, kěyǐ jiànlì jiānshí de cáiwù jīchǔ, wèi wèilái de jīnróng ānquán diàndìng jīchǔ.

> **"财富非深藏不露, 而是善投资者之所得。"**
> Cáifù fēi shēncáng bú lù, érshì shàn tóuzīzhě zhī suǒdé.
> - 王安石 Wáng ānshí

● ● ●

投资 tóuzī 투자하다 | 未来 wèilái 미래 | 理解 lǐjiě 이해하다 | 积极 jījí 적극적인 | 增长 zēngzhǎng 증가하다

(해석)

재물 성장을 위한 투자: 재정적 성공을 위한 길을 걷다

자신의 미래에 투자하며, 장기적인 재정 목표를 계획하고 설정하는 것은 경제적 독립과 성공의 핵심입니다. 투자의 중요성을 이해하고, 정확한 분석을 통해 적절한 투자 기회를 선택하는 방법을 배우면, 재산의 성장 속도를 높일 수 있습니다. 적극적인 투자 전략을 통해, 견고한 재정 기반을 구축하고 미래의 금융 안전을 확보할 수 있는 기초를 마련합니다.

> "재산은 깊숙이 숨겨지지 않고, 오히려 능숙한 투자자에 의해 얻어진다."
> - 왕안석

投资自己的未来, 计划并制定长远的财务目标.

债务管理技巧: 为财务自由铺路
Zhàiwù guǎnlǐ jìqiǎo: Wèi cáiwù zìyóu pūlù

债务管理技巧是实现财务自由的途径之一。了解并运用适当的债务管理工具, 可以有效地控制债务。通过有效地平衡债务和收入, 可以构建更为坚实的财务基础。有针对性地减少债务和增加储蓄, 是提高经济安全感的关键。学会控制债务, 增强财务自由度, 使你能够更好地规划未来。

Zhàiwù guǎnlǐ jìqiǎo shì shíxiàn cáiwù zìyóu de tújìng zhīyī. Liǎojiě bìng yùnyòng shìdàng de zhàiwù guǎnlǐ gōngjù, kěyǐ yǒuxiào de kòngzhì zhàiwù. Tōngguò yǒuxiào de pínghéng zhàiwù hé shōurù, kěyǐ gòujiàn gèngwéi jiānshí de cáiwù jīchǔ. Yǒu zhēnduìxìng de jiǎnshǎo zhàiwù hé zēngjiā chǔxù, shì tígāo jīngjì ānquángǎn de guānjiàn. Xuéhuì kòngzhì zhàiwù, zēngqiáng cáiwù zìyóudù, shǐ nǐ nénggòu gèng hǎo de guīhuà wèilái.

> ## "债务如山, 理智还之。"
> Zhàiwù rúshān, lǐzhì huán zhī.
> - 无名 Wúmíng

· · ·

债务 zhàiwù 빚 | 控制 kòngzhì 제어하다 | 有效地 yǒuxiào de 효과적으로 | 坚实 jiānshí 견고한
规划 guīhuà 계획하다

(해석)

부채 관리 기법: 재정적 자유를 위한 길을 만들다

빚 관리 기술은 재정적 자유를 이루는 방법 중 하나입니다. 적절한 빚 관리 도구를 이해하고 활용하면, 빚을 효과적으로 제어할 수 있습니다. 빚과 수입을 효과적으로 균형있게 관리하면, 더욱 튼튼한 재정 기반을 구축할 수 있습니다. 목표를 가지고 빚을 줄이고 저축을 늘리는 것은 경제적 안정감을 높이는 핵심입니다. 빚을 제어하는 방법을 배워, 재정적 자유도를 높이고, 더 나은 미래를 계획할 수 있게 됩니다.

> "빚은 산처럼 높고, 이성적으로 갚아야 한다."
> – 미상

债务管理技巧是实现财务自由的途径之一。

건강과 웰빙

—

健康与幸福

Jiànkāng yǔ xìngfú

건강과 웰빙은 행복하고 성공적인 삶을 위한 필수 요소입니다.
신체적, 정신적, 감정적인 건강을 증진시키는 방법,
운동, 영양, 명상 등에 대한 책을 고려해 보세요.

培养全面幸福的精神健康
Péiyǎng quánmiàn xìngfú de jīngshén jiànkāng

全面的健康福祉不仅包括身体健康, 还需要注意心理健康。通过冥想, 自我反思和正面思考, 人们可以培养更强大的心理健康。寻求专业帮助, 如心理治疗, 也是一种健康的心理健康维护方式。与亲友保持良好关系, 积极参与社交活动也有助于心理健康。养成良好的睡眠习惯, 保持规律的作息也是促进心理健康的关键。

Quánmiàn de jiànkāng fúzhǐ bùjǐn bāokuò shēntǐ jiànkāng, hái xūyào zhùyì xīnlǐ jiànkāng. Tōngguò míngxiǎng, zìwǒ fǎnsī hé zhèngmiàn sīkǎo, rénmen kěyǐ péiyǎng gèng qiángdà de xīnlǐ jiànkāng. Xúnqiú zhuānyè bāngzhù, rú xīnlǐ zhìliáo, yě shì yì zhǒng jiànkāng de xīnlǐ jiànkāng wéihù fāngshì. Yǔ qīnyǒu bǎochí liánghǎo guānxi, jījí cānyù shèjiāo huódòng yě yǒuzhùyú xīnlǐ jiànkāng. Yǎngchéng liánghǎo de shuìmián xíguàn, bǎochí guīlǜ de zuòxī yě shì cùjìn xīnlǐ jiànkāng de guānjiàn.

> **"养心莫大于寡欲, 健身莫大于劳动。"**
> Yǎngxīn mò dàyú guǎyù, jiànshēn mò dàyú láodòng.
>
> - 杨朱 Yángzhū

• • •

冥想 míngxiǎng 명상 | 心理治疗 xīnlǐ zhìliáo 심리 치료 | 专业 zhuānyè 전문적인
| 社交活动 shèjiāo huódòng 사교 활동 | 睡眠 shuìmián 수면

(해석)

전반적인 웰빙을 위한 정신 건강 육성

전반적인 건강 복지는 신체 건강뿐만 아니라, 정신 건강에도 주의를 기울여야 합니다. 명상, 자기 성찰, 그리고 긍정적인 사고를 통해 사람들은 더욱 강한 정신 건강을 길러낼 수 있습니다. 전문적인 도움을 찾는 것, 예를 들어 정신 치료, 역시 건강한 정신 건강을 유지하는 방법 중 하나입니다. 친지와의 좋은 관계를 유지하고, 적극적으로 사회 활동에 참여하는 것도 정신 건강에 도움이 됩니다. 좋은 수면 습관을 기르고, 규칙적인 생활 패턴을 유지하는 것도 정신 건강을 증진하는 중요한 요소입니다.

"마음을 기르는 데는 욕심을 줄이는 것보다 더 큰 것이 없으며,
몸을 건강하게 하는 데는 노동하는 것보다 더 큰 것이 없다."

– 양주

全面的健康福祉不仅包括身体健康，

增加恢复力: 有效的压力管理策略
Zēngjiā huīfùlì: Yǒuxiào de yālì guǎnlǐ cèlüè

恢复力是在面临压力和挫败时的应对能力。通过培养情绪智慧和增强自我意识, 人们可以更有效地应对压力。学会冥想和深呼吸可以减轻紧张和焦虑。保持积极的心态, 将有助于你在压力情境中保持冷静和清醒。找到适合自己的放松方式, 能够更好地平衡工作与生活, 从而维持健康的生活方式。

Huīfùlì shì zài miànlín yālì hé cuòbài shí de yìngduì nénglì. Tōngguò péiyǎng qíngxù zhìhuì hé zēngqiáng zìwǒ yìshi, rénmen kěyǐ gèng yǒuxiào de yìngduì yālì. Xuéhuì míngxiǎng hé shēnhūxī kěyǐ jiǎnqīng jǐnzhāng hé jiāolǜ. Bǎochí jījí de xīntài, jiāng yǒuzhùyú nǐ zài yālì qíngjìng zhōng bǎochí lěngjìng hé qīngxǐng. Zhǎodào shìhé zìjǐ de fàngsōng fāngshì, nénggòu gèng hǎo de pínghéng gōngzuò yǔ shēnghuó, cóng' ér wéichí jiànkāng de shēnghuó fāngshì.

> **"逆境中存坚韧, 压力下见智慧。"**
> Nìjìng zhōng cún jiānrèn, yālì xià jiàn zhìhuì.
>
> - 无名 Wúmíng

• • •

恢复力 huīfùlì 회복력   培养 péiyǎng 키우다, 양성하다   情绪智慧 qíngxù zhìhuì 감정 지능   冷静 lěngjìng 냉정한
放松 fàngsōng 편안하게 하다

(해석)

회복력 키우기: 효과적인 스트레스 관리 전략

회복력은 압박과 좌절을 직면할 때의 대처 능력입니다. 감정 지능을 길러내고 자아 인식을 강화함으로써, 사람들은 압박을 더 효과적으로 대처할 수 있습니다. 명상과 깊은 숨쉬기를 배우면 긴장과 불안을 완화할 수 있습니다. 긍정적인 마음가짐을 유지하면, 스트레스 받는 상황에서도 냉정하고 명확하게 생각할 수 있을 것입니다. 자신에게 맞는 이완 방법을 찾으면, 일과 생활의 균형을 더 잘 유지하며 건강한 생활 방식을 유지할 수 있습니다.

"역경 속에는 강인함을 유지하고, 압박 속에서는 지혜를 발휘한다."

– 미상

为身体提供营养: 适当的营养的重要性
Wèi shēntǐ tígōng yíngyǎng: Shìdàng de yíngyǎng de zhòngyàoxìng

为身体提供适当的营养是维持健康生活方式的关键。合理的饮食计划和均衡的饮食, 可以促进身体健康和精力旺盛。多吃新鲜蔬菜和水果, 减少油腻和加工食品的摄取, 有助于维护身体健康和提高生活质量。保持身体水分平衡是维持健康的重要一环。了解并选择适合自己的食物, 有助于更深入地了解自己的身体需求。

Wèi shēntǐ tígōng shìdàng de yíngyǎng shì wéichí jiànkāng shēnghuó fāngshì de guānjiàn. Hélǐ de yǐnshí jìhuà hé jūnhéng de yǐnshí, kěyǐ cùjìn shēntǐ jiànkāng hé jīnglì wàngshèng. Duō chī xīnxiān shūcài hé shuǐguǒ, jiǎnshǎo yóunì hé jiāgōng shípǐn de shèqǔ, yǒuzhùyú wéihù shēntǐ jiànkāng hé tígāo shēnghuó zhìliàng. Bǎochí shēntǐ shuǐfèn pínghéng shì wéichí jiànkāng de zhòngyào yì huán. Liǎojiě bìng xuǎnzé shìhé zìjǐ de shíwù, yǒuzhùyú gèng shēnrù de liǎojiě zìjǐ de shēntǐ xūqiú.

> **"饮食有度, 健康自来。"**
> Yǐnshí yǒudù, jiànkāng zìlái.
> - 无名 Wúmíng

• • •

营养 yíngyǎng 영양 | 饮食 yǐnshí 음식 | 健康 jiànkāng 건강한 | 提高 tígāo 향상시키다 | 了解 liǎojiě 이해하다

(해석)

몸에 영양 공급하기: 적절한 영양의 중요성

몸에 적절한 영양을 공급하는 것은 건강한 생활 방식을 유지하는 핵심입니다. 합리적인 식단 계획과 균형 잡힌 식사는 몸의 건강과 활력을 증진할 수 있습니다. 신선한 채소와 과일을 많이 섭취하고, 기름진 음식과 가공 식품의 섭취를 줄이면 몸의 건강을 유지하고 삶의 질을 향상시킬 수 있습니다. 몸의 수분 균형을 유지하는 것은 건강을 유지하는 중요한 부분입니다. 자신에게 맞는 음식을 이해하고 선택하면, 자신의 몸의 요구를 더 깊게 이해할 수 있습니다.

> "음식 섭취를 적절하게 하면, 건강이 자연스럽게 따라온다."
> – 미상

为身体提供适当的营养是维持健康生活方式的关键。

자기탐구

自我探索

Zìwǒ tànsuǒ

자기를 이해하고 자기 신념을 발전시키는 것은
인생의 여정에서 중요한 과정입니다.
자아 발견, 목표 설정, 자아 싱장 등에 관한 책을 검토해 보세요.

和谐的生活: 发现价值的力量
Héxié de shēnghuó: Fāxiàn jiàzhí de lìliang

寻找和谐的生活, 是一种寻找和理解自己价值观的过程。通过自我反思和自我意识的提高, 人们可以找到自己的目的和方向。积极的价值观有助于塑造个人品质和职业道德。理解并接受自己的长处和不足, 是自我成长和改进的基础。遵循自己的价值观, 可以让人生更加丰富和有意义。

Xúnzhǎo héxié de shēnghuó, shì yì zhǒng xúnzhǎo hé lǐjiě zìjǐ jiàzhíguān de guòchéng. Tōngguò zìwǒ fǎnsī hé zìwǒ yìshi de tígāo, rénmen kěyǐ zhǎodào zìjǐ de mùdì hé fāngxiàng. Jījí de jiàzhíguān yǒuzhùyú sùzào gèrén pǐnzhì hé zhíyè dàodé. Lǐjiě bìng jiēshòu zìjǐ de chángchù hé bùzú, shì zìwǒ chéngzhǎng hé gǎijìn de jīchǔ. Zūnxún zìjǐ de jiàzhíguān, kěyǐ ràng rénshēng gèngjiā fēngfù hé yǒu yìyì.

> **"知自知彼, 百战不殆。"**
> Zhī zì zhī bǐ, bǎi zhàn bú dài.
> - 孙子 Sūnzǐ

• • •

和谐 héxié 조화 | **价值观** jiàzhíguān 가치관 | **理解** lǐjiě 이해하다 | **成长** chéngzhǎng 성장하다 | **积极** jījí 적극적인

(해석)

조화로운 삶: 가치 발견의 힘

조화로운 삶을 찾는 것은 자신의 가치관을 찾고 이해하는 과정입니다. 자기 성찰과 자아 인식의 향상을 통해, 사람들은 자신의 목적과 방향을 찾을 수 있습니다. 긍정적인 가치관은 개인의 품성과 직업 윤리를 형성하는 데 도움이 됩니다. 자신의 장점과 단점을 이해하고 받아들이는 것은 자기 성장과 개선의 기초입니다. 자신의 가치관을 따르면, 인생을 더 풍부하고 의미 있게 만들 수 있습니다.

"자신과 상대를 안다면, 백 번 싸워도 위태롭지 않다."
– 손자

寻找和谐的生活，是一种寻找和理解自己价值观的过程。

自我反思的力量: 引导个人成长的关键
Zìwǒ fǎnsī de lìliang: Yǐndǎo gèrén chéngzhǎng de guānjiàn

自我反思的力量是推动个人不断成长的关键。通过深入思考和理解自己的行为和情感, 人们可以识别和改善自己的弱点。定期的自我评估有助于促进个人的成长和进步。反思还可以促进人际关系的发展, 通过理解他人来培养同理心。不断的自我观察和分析, 有助于找到自己的道路, 更好地了解自己。

Zìwǒ fǎnsī de lìliang shì tuīdòng gèrén búduàn chéngzhǎng de guānjiàn. Tōngguò shēnrù sīkǎo hé lǐjiě zìjǐ de xíngwéi hé qínggǎn, rénmen kěyǐ shíbié hé gǎishàn zìjǐ de ruòdiǎn. Dìngqī de zìwǒ pínggū yǒuzhùyú cùjìn gèrén de chéngzhǎng hé jìnbù. Fǎnsī hái kěyǐ cùjìn rénjì guānxi de fāzhǎn, tōngguò lǐjiě tārén lái péiyǎng tónglǐxīn. Búduàn de zìwǒ guānchá hé fēnxī, yǒuzhùyú zhǎodào zìjǐ de dàolù, gèng hǎo de liǎojiě zìjǐ.

> **"当局者迷, 旁观者清。"**
> Dāngjúzhě mí, pángguānzhě qīng.
> - 陆游 Lùyóu

...

反思 fǎnsī 반성 | 行为 xíngwéi 행동 | 理解 lǐjiě 이해하다 | 成长 chéngzhǎng 성장하다 | 不断 búduàn 끊임없이

(해석)

자기 반성의 힘: 개인 성장을 이끄는 열쇠

자기성찰의 힘은 개인의 지속적인 성장을 촉진하는 핵심입니다. 자신의 행동과 감정을 깊이 있게 고찰하고 이해함으로써, 사람들은 자신의 약점을 인식하고 개선할 수 있습니다. 정기적인 자기 평가는 개인의 성장과 발전을 촉진하는 데 도움이 됩니다. 성찰은 또한 인간 관계의 발전을 촉진할 수 있으며, 다른 사람을 이해함으로써 공감 능력을 길러낼 수 있습니다. 지속적인 자기 관찰과 분석은 자신의 길을 찾는 데 도움이 되며, 자신을 더 잘 이해할 수 있게 합니다.

> "관계자는 혼란스러워하고, 외부인은 명확하게 본다."
> - 루유

自我反思的力量是無窮無盡、不斷成長的力量。

接受真实性: 生活真实的方法
Jiēshòu zhēnshíxìng: Shēnghuó zhēnshí de fāngfǎ

真实性是实现充实生活的重要因素。接受自己的真实自我, 不仅有助于个人成长, 还能增强人际关系。与他人真实交往, 能够建立诚实的友谊和伙伴关系。真实性也是自我认同和自尊的基础, 使人们能够诚实地面对自己的长处和短处。追求真实性可以增强自信, 提高生活满意度和幸福感。

Zhēnshíxìng shì shíxiàn chōngshí shēnghuó de zhòngyào yīnsù. Jiēshòu zìjǐ de zhēnshí zìwǒ, bùjǐn yǒuzhùyú gèrén chéngzhǎng, hái néng zēngqiáng rénjì guānxi. Yǔ tārén zhēnshí jiāowǎng, nénggòu jiànlì chéngshí de yǒuyì hé huǒbàn guānxi. Zhēnshíxìng yě shì zìwǒ rèntóng hé zìzūn de jīchǔ, shǐ rénmen nénggòu chéngshí de miànduì zìjǐ de chángchù hé duǎnchù. Zhuīqiú zhēnshíxìng kěyǐ zēngqiáng zìxìn, tígāo shēnghuó mǎnyìdù hé xìngfúgǎn.

> **"真实无欺, 始终如一。"**
> Zhēnshí wúqī, shǐzhōng rúyī.
> - 王安石 Wáng ānshí

• • •

真实性 zhēnshíxìng 진실성 | **接受** jiēshòu 받아들이다 | **增强** zēngqiáng 강화하다 | **诚实** chéngshí 정직한
追求 zhuīqiú 추구하다

(해석)

진실성 받아들이기: 진정한 삶을 사는 법

진실성은 충실한 삶을 이루기 위한 중요한 요소입니다. 자신의 진짜 자아를 받아들이는 것은 개인의 성장에만 도움이 되는 것이 아니라, 대인 관계를 강화하는 데에도 기여합니다. 다른 사람들과 진실하게 교류하면, 진정한 우정과 파트너십을 구축할 수 있습니다. 진실성은 자아인식과 자존감의 기초이며, 사람들이 자신의 장점과 단점을 솔직하게 직면할 수 있게 합니다. 진실성을 추구하는 것은 자신감을 높이고, 삶의 만족도와 행복감을 향상시킬 수 있습니다.

> "진실은 속이지 않고, 항상 변함없다."
> – 왕안석

真实性是实现充实生活的重要因素

창의성

创造力
Chuàngzàolì

창의성은 문제 해결, 혁신, 자기표현 등에 필요한 능력입니다.
창의적인 사고방식, 아이디어 발전,
예술과 디자인 등에 대한 책을 추천해 드립니다.

培养创造性思维: 发掘创新潜力
Péiyǎng chuàngzàoxìng sīwéi: Fājué chuàngxīn qiánlì

创造性思维的培养是释放创新潜能的途径。通过鼓励自由思考和批判性思考,可以激发更多的创造性解决方案。开放的交流和合作有助于发展新的观点和创意。从失败中学习并不断尝试,能够培养更强的创造力和适应力。创造性思维是解决复杂问题的重要手段,有助于社会和个人的进步。

Chuàngzàoxìng sīwéi de péiyǎng shì shìfàng chuàngxīn qiánnéng de tújìng. Tōngguò gǔlì zìyóu sīkǎo hé pīpànxìng sīkǎo, kěyǐ jīfā gèng duō de chuàngzàoxìng jiějué fāng'àn. Kāifàng de jiāoliú hé hézuò yǒuzhùyú fāzhǎn xīn de guāndiǎn hé chuàngyì. Cóng shībài zhōng xuéxí bìng búduàn chángshì, nénggòu péiyǎng gèng qiáng de chuàngzàolì hé shìyìnglì. Chuàngzàoxìng sīwéi shì jiějué fùzá wèntí de zhòngyào shǒuduàn, yǒuzhùyú shèhuì hé gèrén de jìnbù.

> **"读万卷书, 行万里路。"**
> Dú wàn juàn shū, xíng wàn lǐ lù.
> - 升庵先生文集 Shēng ān xiānsheng wénjí

• • •

创造性 chuàngzàoxìng 창조성 | 鼓励 gǔlì 격려하다 | 开放 kāifàng 개방적인 | 学习 xuéxí 학습하다
适应力 shìyìnglì 적응력

(해석)

창의적 사고 기르기: 혁신적 잠재력 풀어나가기

창조적 사고의 키워드는 혁신의 잠재력을 발휘하는 방법입니다. 자유로운 사고와 비판적 사고를 장려함으로써, 더 많은 창조적 해결책을 도출할 수 있습니다. 개방적인 의사소통과 협력은 새로운 관점과 창의적 아이디어를 발전시키는 데 도움이 됩니다. 실패에서 배우고 지속적으로 시도함으로써, 더 강한 창조력과 적응력을 기를 수 있습니다. 창조적 사고는 복잡한 문제를 해결하는 중요한 수단이며, 사회와 개인의 발전에 기여합니다.

> "만 권의 책을 읽고, 만 리의 길을 걸어라."
> – 선암 선생 문집

创造性思维的培养是释放创新潜能的途径。

培养创造性合作: 发掘集体创造力
Péiyǎng chuàngzàoxìng hézuò: Fājué jítǐ chuàngzàolì

集体创造力的培养是一个复杂但有价值的过程。团队合作融合了来自不同背景、经验和观点的人们。有效的沟通和互相尊重可以促进团队成员之间的创造性合作。创新团队需要包容不同的意见和风格, 以便产生新颖独特的思维和解决方案。鼓励开放性的思维和团队间的共同探索, 可以激发成员的潜能和创造力。

Jítǐ chuàngzàolì de péiyǎng shì yí ge fùzá dàn yǒu jiàzhí de guòchéng. Tuánduì hézuò rónghé le láizì bùtóng bèijǐng、jīngyàn hé guāndiǎn de rénmen. Yǒuxiào de gōutōng hé hùxiāng zūnzhòng kěyǐ cùjìn tuánduì chéngyuán zhījiān de chuàngzàoxìng hézuò. Chuàngxīn tuánduì xūyào bāoróng bùtóng de yìjiàn hé fēnggé, yǐbiàn chǎnshēng xīnyǐng dútè de sīwéi hé jiějué fāng' àn. Gǔlì kāifàngxìng de sīwéi hé tuánduì jiān de gòngtóng tànsuǒ, kěyǐ jīfā chéngyuán de qiánnéng hé chuàngzàolì.

> "团队之力, 源于共创与合作。"
> Tuánduì zhī lì, yuányú gòng chuàng yǔ hézuò.
> - 无名 Wúmíng

• • •

集体 jítǐ 집단 | **沟通** gōutōng 의사소통하다 | **包容** bāoróng 포용하다 | **鼓励** gǔlì 격려하다
开放性 kāifàngxìng 개방성

(**해석**)

창의적인 협업 기르기: 집단적인 창의력 풀어나가기

집단의 창의력을 키우는 것은 복잡하지만 가치 있는 과정입니다. 팀 협력은 다양한 배경, 경험, 그리고 관점을 가진 사람들을 하나로 융합합니다. 효과적인 의사소통과 상호 존중은 팀원 간의 창의적 협력을 촉진할 수 있습니다. 혁신적인 팀은 다양한 의견과 스타일을 포용해야 새롭고 독특한 생각과 해결책을 도출할 수 있습니다. 개방적인 사고와 팀 내의 공동 탐구를 장려하면 팀원의 잠재력과 창의력을 발휘할 수 있습니다.

> "팀의 힘은 공동 창조와 협력에서 비롯된다."
> – 미상

扩展创造性: 每天的灵感
Kuòzhǎn chuàngzàoxìng: Měitiān de línggǎn

日常生活中的灵感可以促进创造力。艺术, 音乐, 大自然等都可以激发我们的想象力。对周围的环境和人们保持关注可以为我们提供新的观点和灵感。尝试新的兴趣爱好和技能可以拓宽我们的视野和思维。保持开放的心态和好奇心是培养创造力的基础。

Rìcháng shēnghuó zhōng de línggǎn kěyǐ cùjìn chuàngzàolì. Yìshù, yīnyuè, dàzìrán děng dōu kěyǐ jīfā wǒmen de xiǎngxiànglì. Duì zhōuwéi de huánjìng hé rénmen bǎochí guānzhù kěyǐ wèi wǒmen tígōng xīn de guāndiǎn hé línggǎn. Chángshì xīn de xìngqù àihǎo hé jìnéng kěyǐ tuòkuān wǒmen de shìyě hé sīwéi. Bǎochí kāifàng de xīntài hé hàoqíxīn shì péiyǎng chuàngzàolì de jīchǔ.

> **"日常之美, 创造之源。"**
> Rìcháng zhī měi, chuàngzào zhī yuán.
>
> - 无名 Wúmíng

• • •

日常 rìcháng 일상 | 激发 jīfā 자극하다 | 环境 huánjìng 환경 | 尝试 chángshì 시도하다 | 开放 kāifàng 개방적인

(해석)

창의성 확장하기: 일상 속 영감 넣기

일상 생활 속에서의 영감은 창의력을 촉진시킨다. 예술, 음악, 대자연 등은 우리의 상상력을 자극한다. 주변 환경과 사람들에게 관심을 기울이면 새로운 관점과 영감을 얻을 수 있다. 새로운 취미나 기술을 시도하는 것은 우리의 시야와 사고를 확장시킨다. 개방적인 마음가짐과 호기심은 창의력을 키우는 기초이다.

> "일상의 아름다움은 창조의 원천이다."
> – 미상

日常生活中的灵感可以促进创造力。

관계 구축

—

建立关系

Jiànlì guānxi

건강한 관계는 행복하고 만족스러운 삶을 위해 필수적입니다.
가족, 친구, 동료와의 관계 형성, 커뮤니케이션 기술,
갈등 해결 등에 관한 책을 고려해 보세요.

建立有意义的关系: 构建社交支持网络
Jiànlì yǒu yìyì de guānxi: Gòujiàn shèjiāo zhīchí wǎngluò

生活中的人际关系为我们提供了必要的支持和安慰。建立和维护健康的友谊和亲密关系可以增强我们的幸福感。社交技能和沟通能力是建立良好人际关系的关键。通过参与社交活动和志愿服务可以扩大我们的社交圈子。

Shēnghuó zhōng de rénjì guānxi wèi wǒmen tígōng le bìyào de zhīchí hé ānwèi. Jiànlì hé wéihù jiànkāng de yǒuyì hé qīnmì guānxi kěyǐ zēngqiáng wǒmen de xìngfúgǎn. Shèjiāo jìnéng hé gōutōng nénglì shì jiànlì liánghǎo rénjì guānxi de guānjiàn. Tōngguò cānyù shèjiāo huódòng hé zhìyuàn fúwù kěyǐ kuòdà wǒmen de shèjiāo quānzi.

> **"人与人之间的真挚关系, 是生命中最宝贵的财富。"**
> Rén yǔ rén zhījiān de zhēnzhì guānxi, shì shēngmìng zhōng zuì bǎoguì de cáifù.
>
> - 无名 Wúmíng

• • •

生活 shēnghuó 생활 | 建立 jiànlì 세우다 | 幸福感 xìngfúgǎn 행복감 | 参与 cānyù 참여하다 | 良好 liánghǎo 좋은

(해석)

의미 있는 관계 구축하기: 사회적 지지 네트워크 형성

우리의 일상 속 인간 관계는 필요한 지지와 위로를 제공해줍니다. 건강한 우정과 깊은 관계를 구축하고 유지함으로써 우리의 행복감을 강화할 수 있습니다. 사회적 기술과 의사소통 능력은 좋은 인간 관계를 구축하는 핵심입니다. 사회 활동과 봉사 활동에 참여함으로써 우리의 사회적 네트워크를 확장할 수 있습니다.

> "사람과 사람 사이의 진실한 관계는, 생명에서 가장 소중한 재산이다."
> – 미상

生活中的人际关系与我们提供了必要的支持和安慰。

沟通的力量: 强大的关系基础
Gōutōng de lìliang: Qiángdà de guānxi jīchǔ

有效的沟通是人际关系中的关键要素, 能够增进理解和信任。通过开放和诚实的对话, 人们可以建立更深层次的联系。倾听和理解他人的观点是沟通的基础, 也是构建强大人际关系的基石。不仅要表达自己的想法和情感, 还要有效地接收他人的信息。通过积极的互动和深入的交流, 人们可以建立持久、健康的人际关系。

Yǒuxiào de gōutōng shì rénjì guānxi zhōng de guānjiàn yàosù, nénggòu zēngjìn lǐjiě hé xìnrèn. Tōngguò kāifàng hé chéngshí de duìhuà, rénmen kěyǐ jiànlì gèng shēn céngcì de liánxì. Qīngtīng hé lǐjiě tārén de guāndiǎn shì gōutōng de jīchǔ, yě shì gòujiàn qiángdà rénjì guānxi de jīshí. Bùjǐn yào biǎodá zìjǐ de xiǎngfǎ hé qínggǎn, háiyào yǒuxiào de jiēshōu tārén de xìnxī. Tōngguò jījí de hùdòng hé shēnrù de jiāoliú, rénmen kěyǐ jiànlì chíjiǔ, jiànkāng de rénjì guānxi.

> "善于倾听是真正沟通的起点。"
> Shànyú qīngtīng shì zhēnzhèng gōutōng de qǐdiǎn.
> - 无名 Wúmíng

• • •

沟通 gōutōng 소통 | 理解 lǐjiě 이해하다 | 倾听 qīngtīng 경청하다 | 有效 yǒuxiào 유효한 | 深入 shēnrù 깊이 있는

(해석)

의사소통의 힘: 강력한 관계 기반

효과적인 의사소통은 인간 관계에서 핵심 요소로, 이를 통해 이해와 신뢰를 높일 수 있습니다. 열린 대화 및 진실된 대화를 통해 사람들은 더 깊은 관계를 형성할 수 있습니다. 다른 사람의 의견을 경청하고 이해하는 것은 의사소통의 기초이며, 강력한 인간 관계를 구축하는 기초입니다. 자신의 생각과 감정을 표현하는 것뿐만 아니라, 다른 사람의 정보를 효과적으로 수용하는 방법을 배워야 합니다. 적극적인 상호작용과 깊은 대화를 통해 사람들은 지속적이고 건강한 인간 관계를 구축할 수 있습니다.

"잘 듣는 것은 진정한 의사소통의 시작이다."
– 미상

有效的沟通是人际关系中的关键要素。

管理冲突: 保持健康的关系
Guǎnlǐ chōngtū: Bǎochí jiànkāng de guānxi

了解和解决冲突可以使人们更好地理解彼此, 并加强彼此间的联系。有效的冲突解决技巧可以促进和谐的人际关系。冲突可以被视为增强关系和了解的机会。理解冲突的原因并找到解决方法是保持人际关系健康的关键。冲突管理的成功, 取决于沟通, 理解, 和解决能力。

Liǎojiě hé jiějué chōngtū kěyǐ shǐ rénmen gèng hǎo de lǐjiě bǐcǐ, bìng jiāqiáng bǐcǐ jiān de liánxì. Yǒuxiào de chōngtū jiějué jìqiǎo kěyǐ cùjìn héxié de rénjì guānxi. Chōngtū kěyǐ bèi shìwéi zēngqiáng guānxi hé liǎojiě de jīhuì. Lǐjiě chōngtū de yuányīn bìng zhǎodào jiějué fāngfǎ shì bǎochí rénjì guānxi jiànkāng de guānjiàn. Chōngtū guǎnlǐ de chénggōng, qǔjuéyú gōutōng, lǐjiě, hé jiějué nénglì.

> **"以直报怨, 以德报德。"**
> Yǐ zhí bàoyuàn, yǐdé bàodé.
> - 苏轼 Sūshì

• • •

冲突 chōngtū 충돌 | 理解 lǐjiě 이해하다 | 解决 jiějué 해결하다 | 和谐 héxié 조화로운 | 成功 chénggōng 성공

(해석)

갈등 관리: 건강한 관계 유지하기

이해하고 해결하는 갈등은 사람들이 서로를 더 잘 이해하게 하고, 그들 사이의 유대를 강화할 수 있습니다. 효과적인 갈등 해결 기술은 조화로운 인간 관계를 촉진시킬 수 있습니다. 갈등은 관계를 강화하고 상호 이해를 깊게 하는 기회로 볼 수 있습니다. 갈등의 원인을 파악하고 해결책을 찾는 것은 건강한 인간 관계를 유지하는 핵심입니다. 갈등 관리의 성공은 의사소통, 이해 및 문제 해결 능력에 달려 있습니다.

> "직접적으로 원한을 풀고, 덕에는 덕으로 보답한다."
> - 소식

了解和解决冲突可以使人们更好地理解彼此。

30일간 하루 10분 중국어 필사

초판 1쇄 인쇄 2023년 10월 4일
초판 1쇄 발행 2023년 10월 24일

지은이   AI 편집부
발행인   임충배
홍보/마케팅   양경자
편집   김인숙
디자인   정은진
펴낸곳   마들렌북
제작   (주)피앤엠123

출판신고 2014년 4월 3일
등록번호 제406-2014-000035호

경기도 파주시 산남로 183-25
TEL 031-946-3196 / FAX 031-946-3171
홈페이지 www.pub365.co.kr

ISBN 979-11-92431-35-2 13720
© 2023 마들렌북